LES ÉLANS

D'UN

PATRIOTE.

LES ÉLANS

D'UN

PATRIOTE,

OU

NOUVELLES BASES

POLITIQUES.

Seconde édition mieux liée, plus précise
& plus lucide.

Vis consilii expers mole ruit sua :
Vim temperatamDî quoque provehunt
In majus. Horat. Od. 4, Lib. 3.

Et ne se trouve, quant à présent, qu'entre
les mains de quelques gens de bien.

1785.

DISCOURS

PRÉLIMINAIRE.

JE le dis après Montesquieu :
*si je pouvois faire ensorte que ceux
qui commandent augmentassent leurs
connoissances sur ce qu'ils doivent
prescrire, & que ceux qui obéissent
trouvassent un nouveau plaisir à
obéir, je me croirois le plus heureux
des mortels.* J'emprunte du génie
la maniere d'exprimer un sentiment
que je trouve dans mon cœur: je
n'aurai que la mienne dans un ouvrage que ce sentiment seul a dicté.

La vérité est simple sans acception ;
les vains ornements, dont l'orgueil
se fatigue à la parer, ne servent
qu'à l'obscurcir & mettre la raison
aux abois.

NOUVELLES BASES
POLITIQUES.

DISTRIBUTION
Et plan de l'Ouvrage.

Préparer la libération de l'Etat, les progrès de sa puissance, & notre félicité, c'est le but qu'on se propose.

Nos préjugés nous éloignent, chaque jour, de ce but, & nous en éloigneroient éternellement : franchir la barriere pour les combattre, étoit un devoir du citoyen & du sujet fidele.

On a gardé, en les combattant, tous les ménagemens que la vérité pouvoit comporter sans rien perdre de sa force : on n'a pas du en garder d'autres dans un ouvrage qui tend à éclairer notre raison sur le point le plus important de notre

A

exiſtence. Il eſt formé de trois parties.

La premiere, diviſée en quatre chapi-tres, offre ſucceſſivement le principe *ou moyen générateur d'un nouvel ordre de choſes* ; une eſquiſſe de ſes réſultats ; les meſures qui aſſureroient leurs progrès ; un calcul raiſonné de leur combinaiſon avec le produit des fermes.

La deuxieme démontre l'eſſence du do.maine & les avantages de ſon aliénation.

La troiſieme indique un impôt ſup-plétif de la Capitation, de la Taille, des Vingtiemes, des Aides, des Traites & Péages, &c.

Des notes relatives à chaque partie offrent les obſervations, les principes & les faits qu'on n'eût pu fondre dans leur enſemble, ſans changer la maniere animée & ſimple dont il devoit être jeté pour être avec plus de facilité & plus ſûrement ſaiſi. Qui voit nettement la vérité, & ne voit qu'elle, y mene par le plus court chemin.

PREMIERE PARTIE.

CHAPITRE PREMIER.

Principe ou moyen générateur.

Nous avons un sol fertile, l'activité, l'industrie, un numéraire de deux milliards, tous les moyens d'être heureux, & nous ne le sommes pas : une dette réduite en divers temps, & toujours accrue, malgré la progression des impôts, rend ces moyens nuls & nous accable.

Nous cesserons d'en sentir le poids, du jour où un Edit, sollicité par notre raison, aura converti en capitaux au denier 25, exempts de retenues & successivement payables aux porteurs, tous les capitaux de rente sur l'Etat au denier 40 ; assigné en même temps, pour leur extinction, un fonds annuel *sur ses revenus courans ; & pourvu tout à la fois à ce que leur remboursement successif, & le paiement de leurs intérêts soient faits, à des termes préfix, par un Trésorier à Paris, & par ses Commis* dans les ports & les principales villes du Royaume.

Ainsi, un contrat de 2000 liv., portant un rente de 50 livres, seroit, par cette conversion, réduit à un capital de 1250 liv., portant la même rente; conséquemment, la somme de tous les capitaux au denier 40, en supposant qu'elle soit de deux milliards, seroit réduite à 1250 millions (1). Le plus beau jour commence par un crépuscule.

Ce qu'y gagneroient les rentiers ne seroit pas borné à l'exemption des rete-

____

(1) Qu'abstraction faite des rentes viageres, & de la finance de toutes les especes d'offices : la masse des dettes de l'Etat soit de 4 milliards 350 millions, elle ne seroit plus que de 3 milliards 600 millions. La dette nationale de l'Angleterre montée à 6 milliards 120 millions, (272 millions sterling) l'excéderoit de 2 milliards 520 millions.

nues, & à la facilité de recevoir par eux-mêmes leurs rentes fans frais, fans retards, & fans rifques, à Paris, ou dans les provinces (2). Ils y gagneroient de plus, avec la faculté de difpofer de leurs capitaux, à chaque inftant, en totalité ou en partie, felon leurs projets ou leurs befoins (3), la certitude d'en être rembourfés à raifon d'un accroiffement de douze & demi pour cent au-deffus des plus hauts prix auxquels ils aient été portés depuis les époques fucceffives de leur conf.

---

(2) La partie des nouveaux contrats provenue de la converfion des capitaux hypothéqués ou faifis, ne feroit délivrée à chaque propriétaire, qu'après les main-levées confenties par leurs créanciers, ou définitivement ordonnées par les Tribunaux, & refteroit dépofée jufqu'alors dans un bureau établi à cette fin.

(3) Chaque contrat feroit une lettre de change *portant profit*, & fes coupons autant d'autres *gratuites*. Il y en auroit de 300 livres pour en faciliter la circulation, & le commerce en feroit libre; il le feroit conféquemment d'exiger des porteurs qu'ils en certifiaffent la fincérité par leurs fignatures. Cette mefure prémuniroit efficacement le public contre les falfifications.

A 3

titution en rentes à perpétuité (4) ; & ce qui eſt un bien qu'on ne peut évaluer : *nous n'aurions plus de fonds morts (5).*

---

(4) Les contrats au denier 40, perdoient moitié de leur valeur originaire dans les temps les plus heureux du dernier regne, & n'avoient plus de prix ſur ſa fin : ils perdent aujourd'hui au-delà de 60 pour cent. Ainſi, le prix d'un contrat de rente de 50 livres au principal de 2000 livres, loin d'être porté, dans le commerce, à 1250 livres, ne l'eſt pas même à 800 liv. Les rentiers gagneroient donc, à l'échange des nouveaux, au-delà des cinq treiziemes ſur le prix actuel de leurs capitaux.

(5) L'extinction ſucceſſive des nouveaux contrats, en rehauſſant leur prix chaque année, feroit hauſſer, chaque année, les prix reſpectifs de ce qui en reſteroit d'autres au-deſſous du denier 25, grévés des vingtiemes & de leurs acceſſoires, feroit conſéquemment réfluer de plus, chaque année, ces derniers dans le commerce, ſeulement avec moins d'activité juſqu'aux époques, où une ſaine politique exigeroit qu'ils fuſſent, *les mêmes proportions & les mêmes formes gardées,* ſimultanément portés à des capitaux productifs d'une rente au même denier 25. La fixation uniforme de ces capitaux, en diminuant de plus en plus la maſſe des dettes de l'Etat, fixeroit (c'eſt le moindre avantage qu'on pût s'en promettre) le taux courant de l'intérêt des eſpeces.

La circulation des fonds, dit Melon, * (le premier parmi nous qui ait eu des yeux pour le voir) *est une des plus grandes richesses de nos voisins : leurs annuités, leurs banques, leurs actions, tout est en commerce chez eux.*

Nous pouvons tout ce qu'ils peuvent, & nous le pouvons avec une supériorité (6), de laquelle leurs efforts toujours

------

(6) Des contrats au denier 25, adaptés à la célérité des achats, des reventes, des remises d'argent de place en place, de toutes les opérations du commerce, & de tous les genres d'affaires, perceroient dans tous les Etats commerçans de l'Europe, y fixeroient le taux de l'intérêt. L'Angleterre, pour soutenir le cours de ses effets nationaux, l'ame de son être, n'auroit donc plus, (toute autre cause à part), que la ressource de le hausser & de se mettre à un niveau, qui nous laisseroit toute entiere la supériorité que nous donnent sur elle, l'Ecosse & l'Irlande ensemble, une position & un ciel plus heureux, un sol plus étendu, une plus grande variété de denrées, une population plus nombreuse de deux tiers, un numéraire quintuple de celui qu'on peut compterdans les trois Royaumes, & tout-à-la fois une dette, (en l'exagérant) moindre de cinq douziemes : supériorité qu'accroitroient chaque jour les progrès de notre crédit dans ces Etats , & les progrès de notre commerce dansles deux hémispheres.

E
poli[tique]
sur le [com]
merce

moins mesurés avec leurs moyens naturels, les éloigneront toujours de plus en
plus, jusqu'à leur anéantissement. Il est
temps que nous le sachions.

CHAPITRE II.

Esquisse des résultats.

Nous aurons tous les avantages, lorsque sortant du cercle de nos préjugés,
nous nous éleverons à un moyen,

De diminuer de 750 millions la masse
des dettes de l'état; & d'augmenter de
1250 millions les fonds circulans de notre
richesse nationale:

D'établir le crédit sur une base fixe (1);

---

(1) Que le paiement des dettes de l'Etat fût établi sur
une base fixe ; son crédit n'auroit plus de déclin, ne pourroit plus que monter : nous ne verrions plus des fortunes scandaleuses s'élever, par des reviremens ténébreux
& des manœuvres perfides, sur ses ruines & sur les
nôtres ; ni des conjurations d'agioteurs jouer contre le
public avec des cartes préparées.

& de ne laiſſer à toutes les claſſes des citoyens, pour faire valoir l'argent, que l'alternative de lui ſubſtituer de nouveaux contrats, ou de l'employer à des uſages reverſibles au bien public (2) :

De faire rentrer dans le commerce les ſommes dépoſées judiciairement ; & d'en faire tourner les intérêts au profit des débiteurs ſaiſis, & de leurs créanciers :

De faciliter aux provinces le paiement des taxes accumulées ſur le ſol & ſur les têtes (3) ; de rendre, par cette facilité, au cultivateur affoibli & abattu la force

---

(2) Ce n'eſt, que par une continuité d'emprunts ruineux faits ſous diverſes formes, que l'Etat peut, même durant la paix, ſuffire à ſes dépenſes : & nous avons deux milliards, ou un tiers du numéraire que poſſede au plus l'Europe entiere ! Que nous en revient-il, s'ils ne ſont que dans quelques mains, & n'en ſortent que pour augmenter continument nos charges !

(3) Il en eſt des provinces, où le produit des denrées en argent (les dîmes & les redevances cenſuelles prélévées) n'eſt pas, à l'égard du plus grand nombre de leurs malheuteux habitans, toujours égal à la ſomme des taxes !

& l'activité qui lui manquent pour faire valoir pleinement les terres & pour se re-
produire (4) ; de porter, par cette même
facilité, la chaleur & la vie dans toutes
les branches de notre industrie.

D'attirer dans le Royaume, comme le
centre de l'opulence, des arts, de la
liberté, & de toutes les ressources, des
habitans de toute l'Europe (5) ; & de donner à l'état en peu d'années plus de nouveaux sujets, que la révocation de l'Edit

---

(4) Qu'il soit un moyen absolu de faire cesser dans les
campagnes l'effroi des répartitions arbitraires de la Capitation, de la Taille, des Vingtiemes ; d'y faire cesser à la
fois la terreur homicide des saisies-éxécutions de la part
des Préposés à leur récouvrement : l'adoption d'un tel
moyen doubleroit en peu de temps, avec le nombre
des cultivateurs, la valeur & le produit des terres ; &
seroit une source de richesses plus abondante & plus
réelle pour l'Etat, que ne seroit la possession de toutes
les mines des deux mondes. Il est important qu'on s'en
souvienne.

(5) L'Europe est menacée d'une émigration trop aisée
à prévoir : ses habitans n'iroient point chercher au-
delà des mers ce qu'ils trouveroient plus près d'eux.

de Nantes, & les guerres qui ont succédé à cette époque, ne lui en ont fait perdre :

De faire baisser successivement, par l'extinction graduelle de ses dettes, le taux de l'intérêt (6) ; de lui faire trouver conséquemment dans tous les cas ses ressources en lui-même.

Les rentes viageres, les loteries, ces fléaux destructeurs de ses ressorts & de nos mœurs, seroient écartés à jamais : il n'auroit plus besoin de ces fatales ressources (7) ; & nous verrions bientôt éclore

---

(6) L'amortissement périodique & assuré des dettes d'un Etat quelconque assurera de plus en plus son crédit, & lui aplanira les voies à des emprunts de jour en jour moins onéreux. La raison & l'expérience se réunissent pour garantir la certitude & l'infaillibilité de ce principe. L'Etat ne fût-il pas débiteur, le premier objet d'une administration éclairée sera toujours de faire baisser, autant qu'il est possible, le taux de l'intérêt, pour diriger l'emploi de l'argent à l'extension du commerce, & à l'accroissement des productions du sol, seules richesses réelles & l'aimant de toutes les autres.

(7) Les rentes viageres brisent les liens du sang & des affections morales, multiplient les individus passifs &

le jour, où l'adminiſtration pourroit, par
des prêts *gratuits*, venir au ſecours du
malheur, & à celui de l'indigence : un
nouveau ciel s'ouvriroit ſur nous.

---

les célibataires, en ſurchargeant l'Etat ; & le moins
déplorable effet des loteries eſt de dévorer la ſubſtance
des malheureux, & d'engourdir leur induſtrie, en trom-
pant leurs eſpérances.

CHAPITRE III.

Meſures qui aſſureroient les progrès de ces réſultats.

NOTRE commerce ſera languiſſant &
borné, le peuple foulé, l'adminiſtration
chancelante & précaire, toujours maî-
triſée par la néceſſité, & toujours dans
les fers de l'uſure, juſqu'au moment où
elle aura adopté un plan fixe de libération,
& des principes, qui, en la rendant, &
en la ſoumettant tout-à-la-fois à elle-
même, puiſſent déterminer la confiance

& la fixer invariablement par leur accord avec nos intérêts (1). Ce moment si long-temps attendu , pourquoi l'attendre encore ?

La faveur qu'eurent , sous le dernier regne , depuis la chute du système de Law , les effets circulans de l'Etat , tant que leur paiement ne fut point retardé , est le gage du cours qu'auroient , sous le regne actuel , des effets d'un commerce plus étendu & plus facile , & dont la

---

(1) Nos connoissances s'étendent chaque jour , dit-on. Eh ! à quel bien pourroient-elles nous mener , si nous ignorions toujours que c'est de l'unité d'intérêts dans une monarchie , que dépendent essentiellement le crédit public , la puissance & la gloire du Monarque , l'élévation du caractere , les mœurs & la félicité des peuples ; si ce principe , qui peut seul élargir nos ames & nos têtes , ne pouvoit point y pénétrer !

. . . . *Quantum est in rebus inane !*

(2) C'est le plus grand des malheurs d'un Etat , que le Gouvernement croie ses maux sans remede : cette opinion , en bornant la sphere des idées aux seuls moyens d'empêcher qu'ils n'empirent , doit nécessairement les perpétuer. Les topiques ne guérissent point les maux internes.

folidité , garantie par un édit immuable , feroit la bafe & le mobile d'une Adminif- tration indépendante & fupérieure à tous les événemens. Il ne lui en couteroit, pour les accréditer , que la peine d'en faire vérifier le montant , & d'affigner les fonds deftinés à l'amortir.

Qu'il fût de 1250 millions , tel que nous l'avons fuppofé ; & qu'après avoir fixé les événemens d'une guerre , où nous avions fept fiecles & l'univers à ven- ger (3), le Roi , pour établir l'équilibre des revenus de l'Etat & de fes charges courantes , & remplir les autres vues de fa fageffe (4), eût befoin de 250

____

(3) Il faut ajouter : & la feule (*indè mali labes*) dans laquelle, depuis l'expulfion des Anglois , la réu- nion de la Bourgogne & des autres grands fiefs, ou l'époque *vraie* de la Monarchie , les intérêts du Roi & ceux de la Nation aient été calculés en raifon réciproque & réellement *identifiés.*

(4) Telles , que le rachat des fonds engagés du do- maine, l'entier affranchiffement des ferfs , & la fup- preffion de tous les offices burfaux quelconques , ou du moins celle des plus dévorans du fuc des peuples. Il eft indifférent pour le Roi , confidéré fans

millions : la masse active des nouveaux contrats seroit augmentée de ce dernier montant.

Les 1250 millions passeroient successivement des mains des rentiers dans le commerce; & les 250 millions resteroient, sans être à la charge de l'Etat, jusqu'aux époques respectives de leur emploi, sous la main de cette même sagesse. Leur masse combinée, dans cette hipothése, s'éléveroit donc à 1500 millions circulans, productifs d'une rente de 60 (5).

---

relation, de paier aux pourvus de ces offices, sous la dénomination d'intérêts, ce que Sa Majesté leur paye sous la dénomination de gages; & il est d'une conséquence infinie pour l'Etat de rendre à l'Agriculture, au commerce, aux arts les êtres passifs qui le rongent, l'appauvrissent, & l'énervent; de détruire, autant qu'il est possible, généralement tous ses vampires.

(5) C'est arrêter les progrés de la prospérité d'un Etat, d'accumuler l'argent durant la paix; & c'est les détruire dans leur principe, de multiplier les impôts & les emprunts pendant la guerre. Un Etat ne peut donc jouir d'une prospérité constante, s'il ne s'eleve, par un plan immuable de libération, à une supériorité de crédit, telle qu'il puisse, pour avancer le bien, ou

Ils feroient numérotés, dans leurs dif-férents degrés de valeur, par nombres ordinaux, depuis N°. Ier. jufqu'à tel autre indiqué par l'édit qui auroit affigné les fonds deftinés au paiement de leurs inté-rêts annuels, & à leur rembourfement fucceffif. Chaque contrat porteroit en tête l'année de fon échéance, & le jour où il feroit amorti. Les plus foibles yeux verroient fans effort la marche de l'Ad-miniftration à une fupériorité, qui met-troit dans fes mains la balance du taux de l'intérêt, conféquemment celle du com-merce, le fort de l'Angleterre, tous les moyens de diminuer, chaque jour, le poids de nos charges, en augmentant, chaque jour, la fomme de nos richef-

---

parer aux maux, remplacer efficacement les efpeces par des fignes répréfentatifs de leur valeur. Ofer dire que notre conftitution ne fauroit s'allier avec un tel plan, eft un blafphême qui avilit notre raifon & nos ames, injurieux à l'autorité & à la nation qu'il dé-grade, le plus horrible qui puiffe fortir de nos bouches. Que ferions nous, & que feroient nos Rois !

fes,

ſes (6), & en même raiſon le produit des fermes.

---

(6) *Augmenter les revenus de l'Etat & diminuer le poids de nos charges*, c'eſt là que tout doit aboutir. Nous ſommes la ſeule nation, qui, par ſon caractere actif & induſtrieux, par ſes moyens naturels & ſa poſition locale, puiſſe atteindre à ce but.

CHAPITRE IV.

Calcul raiſonné des mêmes réſultats combinés avec le produit des fermes.

En vain le produit des fermes ſeroit accru, ſi ſon accroiſſement ne tournoit pas au profit & à la libération de l'Etat: or, il ne tourneroit ni au profit, ni à la libération de l'Etat, ſi le plan de régie qu'on va préliminairement propoſer, pouvoit n'être point adopté (1).

---

(1) Ce plan fut mis en 1777 ſous les yeux de la cenſure, & eût pu, dès l'année ſuivante, voir le jour

Les Fermiers feroient remboursés de leurs fonds d'avance en reconnoissances au denier 20 exigibles à des échéances prochaines, comme la dette la plus onéreuse (2); & leur bail feroit refilié. Une loi, à laquelle toutes les autres doivent ressortir

---

avec le furplus de l'ouvrage, tel qu'il étoit alors ; on n'a eu garde d'y rien changer fous un regne où tout bien 'eft poffible : il faut donc, pour tout entendre, fe reporter, en le lifant, à 1777 ; & fe répréfenter les chofés, quant aux fermes, fur le pied où elles étoient à cette époque.

(2) Ces reconnoiffances préalablement acquittées, le taux de l'intérêt tomberoit de lui-même au denier 25 ; &, par une fuite néceffaire de leur extinction graduelle, iroit toujours baiffant d'année en année. Les capitaliftes, pour faire valoir l'argent au-delà des taux toujours plus bas fucceffivement établis dans le commerce ; & les propriétaires des biens fonds, pour en augmenter le produit, n'auroient donc plus de moyen que celui d'employer les bras de l'induftrie, & les propager à l'envi par des falaires & des fecours proportionnés à fes befoins. Leur mutuelle dépendance, en rapprochant de plus en plus les richeffes & l'indigence, accroîtroit, chaque jour, avec plus d'efficacité le bien-être & la félicité de la claffe précieufe de nos concitoyens, qui nous fait vivre & jouir. Le bonheur fe réfléchit : il n'eft point d'être penfant & fenfible à qui fa raifon & fon ame ne le difent.

& fe plier, *LE BIEN PUBLIC LE VEUT AINSI* (3):

Ils remettroient les Etats au vrai de recette & de dépenfe de chaque partie de leur bail, pour fervir, par leur comparaifon avec ceux de la régie, à juger, chaque mois, de fes progrès.

Cette mefure paretoit aux inconvéniens qu'eut la régie de 1720: elle feroit d'autant plus efficace, que les régiffeurs ne pourroient plus efpérer de devenir Fermiers, & de profiter des reftes (4); qu'ils

---

(3) *QUE LE SALUT DU PEUPLE SOIT LA SUPRÊME LOI.* Malheur à tout Etat où ce principe eft oublié: il prépare fa derniere crife à chaque pas qu'il fait. La néceffité d'une régénération, dont il peut feul être la bafe, feule, fans en chercher d'autres preuves, démontre affez la néceffité de s'en fouvenir. Nous ne rappellerons pas moins les conférences de Gertruydenberg & le miracle de Denain. Qui aime la vérité, fa patrie & fon Roi, ne craint que de les trahir.

(4) La régie de 1720 tourna mal. Les régiffeurs, feuls furveillans de leur conduite, négligerent les recouvremens qui pouvoient être fufpendus, fans ceffer d'être fûrs, & fe chargerent de les faire pour leur compte au prix qu'ils trouverent bon dans le bail qui la fuivit. On donna à ces recouvremens le nom de *reftes*. Ce

ne pourroient plus avoir que l'ambition d'être citoyens, & de se distinguer dans des emplois, auxquels seroient attachés la considération & les plus grands avantages qu'ils pussent déformais se promettre (5).

Ces avantages consisteroient en 25000 l. d'appointemens, que le Roi accorderoit à chaque Régisseur; & en une gratification ou remise de deux & demi pour cent, qui leur seroit accordée collectivement sur l'excédent du prix du bail actuel.

---

que le système de Law nous avoit laissé de principes, disparut; & nos mœurs depuis sont telles, que tout ce qui peut mener impunément à la fortune, nous paroît légitime.

Iliacos intra muros peccatur & extra.

Nous gagnerions bien plus à descendre en nous-mêmes, qu'à planer dans les airs.

(5) Le grand-œuvre d'un gouvernement seroit de faire trouver à chaque sujet son plus grand bien dans l'emploi de toutes ses facultés au plus grand bien public. Tous les sujets devenus freres, ne verroient plus dans l'autorité qu'une mere, dont ils seroient intéressés à affermir & à étendre le pouvoir & l'influence. C'est avoir fait la moitié d'un ouvrage, que de l'avoir bien commencé.

Le premier objet formeroit, chaque année (les Régisseurs supposés au nombre de soixante), un article de dépense de 1500 mille livres; le second en formeroit un autre plus ou moins considérable en raison du bénéfice de la régie, qu'on ne peut évaluer avec une exacte précision.

Le voile qui couvroit la manutention des fermes est déchiré : leur produit net, son accroissement successif, le bénéfice des Fermiers conséquemment, ne sont plus des secrets pour l'Administration. Ce bénéfice, quel qu'il soit, augmenteroit, au moins de ce qu'il est, à 1500 mille livres près, les revenus de l'Etat : abstraction faite de ce qu'y ajoûteroit la masse active de 1500 millions de capitaux en contrats au pair des espèces (6).

____

(6) Ils ne feroient pas seulement au pair des espèces : ils leur feroient de plus en plus préférés dans le commerce & dans toutes les affaires, dès qu'en conséquence de l'augmentation des revenus de l'Etat, & des mesures immuables prises pour sa libération, ses créanciers n'auroient & ne pourroient avoir que la crainte d'être trop tôt remboursés.

Notre numéraire, depuis le bail qui suivit la régie de 1720, à peine alors de 8 à 9 cents millions, s'est accru successivement & a plus que doublé : il s'éleve aujourd'hui à 2 milliards.

Ce fait posé, que le produit net des fermes n'excéde pas, si l'on veut, 164 millions.

Le produit des Impots, établis dans un Etat, sur les matieres quelconques de consommation nécessaire ou habituelle, est toujours en raison composée du nombre des sujets, & des moyens respectifs qu'a chaque sujet de se les procurer & d'en étendre l'usage (7) : 1500 millions de capitaux assimilés aux especes (la somme annuelle de leurs

____

(7) Ce principe est pris dans l'ordre naturel des choses, & fondé sur une expérience qu'on ne peut point ne pas voir dans l'augmentation progressive du produit des fermes depuis la régie de 1720 ; qu'on ne peut point encore ne pas voir en portant ses regards au-delà de nos côtes. Notre population est à celle de l'Angleterre en raison de 3 à 1 ; & le montant de ses consommations, avant la baisse de ses effets nationaux & l'inertie de leur cours, étoit au montant des nôtres en raison de 2 à 3.

coupons circulans comptée ici pour rien),
en augmentant de trois quarts leur maffe,
ou nos moyens de nous procurer & d'étendre l'ufage de ces matieres, augmenteroient
de trois quarts ou de 123 millions le produit des fermes. Tel feroit au coup d'œil le
bénéfice de la régie.

Qu'on oublie qu'il iroit toujours croiffant;
qu'on ne le porte même, fi l'on veut, qu'à
50 millions, prélevement fait des appointemens & de la remife accordés aux Regif-
feurs : ces 50 millions, au lieu de s'engloutir
dans des coffres-forts, ou d'être l'aliment
d'un luxe inhumain, des petites paffions,
des arts corrupteurs, & des talents futiles,
ajoûtés aux 60 millions de rentes que l'Etat
auroit eu éternellement à payer, opére-
roient (à 11 millions près), en vingt années,
fa libération quant à cette partie de fes dettes (8) : *tandis que le furplus, quel qu'il fût,*
circuleroit, finon en totalité, du moins en
partie dans les campagnes, y ranimeroit les

______

(8) Telle, indépendamment de l'augmentation aifée
à preffentir du produit de la ferme des poftes, telle.

bras, & concourroit à lui revaloir en richeffes réelles, par l'accroiffement fucceffif des
productions du fol, ce qu'il paroîtroit perdre
en richeffes fictives, par l'extinction fucce-
five des nouveaux contrats (9). Ce feroit le
moins.

Les gabelles *, établies d'abord fur les
Cenfitaires du Domaine royal, & bientôt
après par les grands Vaffaux fur les leurs,
empreintes de l'efprit qui les fuggéra média-
tement après un regne qu'ont fignalé l'alté-
ration des monnoies & les bûchers, con-
trarient léur objet par la difparité barbare
de leur répartition, les difficultés compli-

---

difons-nous, feroit la moindre indemnité de 3 millions
333 mille livres de retenues, qu'auroient valu à l'Etat
les rentes de la maffe inanimée de 2 milliards de contrats au denier 40.

(9) Ceux éteints, une année, pourroient d'après
les procédés qu'indique la note 4 du prémier chapitre,
page 6, être remplacés l'année fuivante par d'autres à
éteindre, jufqu'à l'époque où une politique mûrement
réfléchie fe feroit, par leur extinction graduelle, ouvert
un moyen efficace de rehauffer à fon gré leur prix ; de
faire baiffer conféquemment à fon gré le taux de l'intérêt des efpeces.

quées, les procédés tortionnaires, & les frais énormes de leur perception : leur produit net ne s'éleve pas moins à 54 *millions* * ; ne s'éléveroit-il pas à 70 ou 80 millions, ou même au-delà, si le sel étoit débité pour le compte du Roi, seulement dans des magasins construits près les marais salans ; & que le prix en fût fixé généralement pour toutes les provinces *au quart de* ce qu'il coûte dans les pays des grandes gabelles (10)? L'Administration peut, par approximation, résoudre ce problême d'après des notions sûres; & tout ce qui, parmi nous, s'affecte encore des

----

(10) *QUE LE SALUT DU PEUPLE* (comment s'empêcher de le redire) *SOIT LA SUPRÊME LOI.* C'est, d'après ce principe de tout corps politique où la raison n'a pas perdu ses droits, que les privileges des pays exempts des Gabelles, seroient compensés par des équivalens compatibles avec les économies & le plan uniforme d'une Administration bien ordonnée. L'entiere exécution de ce plan, des vues qui le précédent, & de celles qui suivront, seroit facile au génie & à la vertu soutenus d'une faveur constante. Le dernier Henri nous est rendu : pourquoi nous avilir jusqu'à croire qu'il ne sauroit trouver parmi nous un Sully ?

intérêts de l'Etat & de ceux de l'humanité, se convaincre à vue simple, que la
régie auroit moitié moins de satellites à
soudoyer (11), & les tribunaux de malheureux à punir (12).

(11) Ce n'est point encore tout : l'engrais de nos
bœufs, celui de nos moutons, l'accroissement & l'a-
mélioration de leur laine, un préservatif efficace contre
les épizooties, la fertilité de nos terres froides, une
nouvelle branche d'industrie : tels seroient de plus les
résultats du prix modéré du sel, de la liberté indéfinie
de sa consommation, de son transport, de sa vénalité
dans tout le Royaume, & de son exportation. En
craindre les accaparemens & les monopoles, ce seroit
craindre que la mer nous retire un bienfait qu'elle
nous prodigue.

Le tabac nous manque. La Louisiane si inutile à
l'Espagne, & qui, dans nos mains, seroit *la sauve-
garde* de ses plus riches possessions, nous le donneroit
avec la même abondance & les mêmes avantages que
la mer nous donne le sel.

Un Intendant citoyen pense que nous pourrions avec
succès convertir en plantations de cette denrée les
landes de Bordeaux. Ne pourroit-on pas concevoir la
même espérance de celles de Bretagne ? Les moyens ne
nous manqueroient plus d'obtenir de notre sol tout
ce que peut donner sa culture.

(12) L'inégalité des taxes de province à province sur
les matieres de consommation nécessaire, est, spécialement pour les Campagnes, la boëte de Pandore.

La régie ainſi modifiée , quant à la partie la plus importante des Fermes, les détails en ſeroient confiés aux Fermiers actuels (13), ſous une inſpection attentive & ſévere *. On croit leur devoir la juſtice de penſer qu'ils ſe feroient une gloire de s'en acquitter avec toute l'application & la pureté déſirables : mais , ſi aucuns trop bas, ou trop bornés pour ſentir la nobleſſe de leur deſtination , pouvoient les négliger; des ſujets d'une ame & d'un eſprit plus élévés verroient le comble de l'honneur à remplir dignement des emplois, où la probité , les talens, le zele pour l'Etat

* que ſe... l'inſp-tion la Mie-dieres Mond-lon , Vaude & deſ l ter.

------

(13) Ne pourroit-on pas, en leur donnant un nombre convenable , & mi-parti de coopérateurs *initiés dans la régie générale & dans celle des domaines*, les charger de l'une & de l'autre ; & épargner à l'Etat, par cette aſſociation, les trois quarts des frais qu'elles lui coûtent. L'embarras de pourvoir aux rembourſemens ne ſeroit plus un mur d'airain oppoſé au bien. Les regnes de la finance & des banquiers ſeroient paſſés; & *un autre ſyſtême* ne pourroit plus, au moyen d'un papier ſtérile , faire valoir notre argent au profit de ſes ſuppôts.

tiendroient lieu de fonds d'avance, & feroient déformais les feuls titres pour être admis (14).

Bientôt les fujets utiles fe multiplieroient; l'Agriculture, le Commerce, les Arts néceffaires à leur avancement, devenus pour les uns les feuls moyens de vivre & de fe foutenir avec honneur dans la fociété, & pour les autres, les feuls de faire leur fortune ou de l'accroître, feroient chaque jour de nouveaux progrès, augmenteroient chaque jour, avec les richeffes & les revenus de l'Etat, le nombre des familles, leur aifance & leur félicité. Le goût des entreprifes & des travaux reverfibles au bien général, fuccéderoit aux gouts frivoles, & à l'épidémique fureur de s'enrichir par des moyens funeftes, fixeroit le génie de la nation, épureroit

---

(14) La gloire de percevoir avec pureté les revenus de l'Etat, & de concourir à en vivifier les fources, feroit-elle au-deffous de la gloire des armes, & des fublimes fonctions de la magiftrature? Ce n'eft point à l'orgueil; c'eft à la raifon qu'on le demande.

fes mœurs. Un Gouvernement occupé du bonheur des peuples, leur apprend à être juftes, modérés, compatiffans, laborieux : fon efprit paffe dans les cœurs, y fait germer les vertus qui honorent l'humanité, & font l'égide des Empires.

Si l'on peut douter que ces vues foient accueillies, on ne doutera pas du moins que le zele le plus pur pour l'Etat, le defir le plus vif de fa gloire ne les aient dictées.

Ce zele, ce defir ne dicterent point les vues qu'eut un étranger, en inondant le Royaume d'un papier illimité fauffement payable à fa préfentation (15). Deux fyfté-

____

(15) C'eft, en fubftituant un papier fauffement exigible, à un autre ; conféquemment, par un fyftême équipollent au fyftême de Law, que l'Angleterre avoit établi fon crédit, & l'opinion de fes reffources pour le foutenir. Les preftiges n'ont qu'un temps : fa dette s'éleve à 6 milliards 120 millions ; & fon numéraire, à l'époque de l'infurrection de l'Amérique (un Arithméticien politique, le Docteur Price, en fit à cette époque le calcul aux yeux de l'Europe), ne

mes qui contraſtent dans leurs principes, doivent contraſter dans leurs moyens & dans leur fin; auſſi le ſyſtême de Law, & le ſyſtême qu'on propoſe, contraſtent-ils en tout : le ſyſtême de Law étoit établi ſur un fonds imaginaire ; le ſyſtême qu'on propoſe ſeroit établi ſur un fonds réel : dans l'un la confiance étoit forcée ; dans l'autre elle ſeroit libre ; l'objet de celui-là étoit d'attirer & d'engloutir tout l'argent du Royaume ; l'objet de celui-ci eſt de le répandre & de le verſer dans les provin-

---

s'élevoit qu'à 406 millions (18 millions ſterling). L'argent du Mexique, l'or du Bréſil, celui de l'Indoſtan ont fondu dans ſes mains ; le ſceptre des mers en eſt tombé : elle eſt aujourd'hui, ainſi que nous, tributaire de l'uſure ; mais nous pourrons, lorſque nous ſaurons le vouloir, ceſſer de l'être ; & tel eſt le terme, où l'ont conduite ſes ſuccès, qu'elle ne peut plus, ſans rapprocher ſa défection, s'impoſer de nouvelles taxes pour la prévenir. Tel ſera, dans un avenir plus ou moins éloigné, le terme des ſuccès d'un Etat, qui, pour étendre ou conſerver ſa puiſſance au dehors, en détruit au-dedans les principes & l'eſſence : *fato potentiæ*, dit Tacite, *non ſuâ vi nixa.*

ces : le premier, enfanté par l'ambition, ouvroit un champ fans bornes à la cupidité & aux malverfations ; le fecond, enfanté par la modération & par l'amour du bien public, fermeroit, dirigé par ces princi-pes, les voies à la cupidité & aux mal-verfations, produiroit l'ordre, libéreroit l'Etat, fimplifieroit fes refforts, double-roit leur force, & éterniferoit fa durée.

Ce qui refteroit à faire pour accélérer fa libération, les progrès de fa puiffance, & notre félicité, s'offrira dans ce qui refte à lire. Apprenons jufqu'au bout tout ce que nous pouvons.

DEUXIEME PARTIE.

De l'essence du Domaine, & des avantages de son aliénation.

Nos Chartres, tous les monumens de notre Droit public, depuis l'établissement de la Monarchie jusqu'au treizieme siecle, s'élévent contre l'opinion de l'inaliénabilité primitive du Domaine royal.

Le mot *Fisc*, sous le bas Empire, signifioit spécialement le trésor public, & tout à la fois le Domaine foncier & inaliénable des Empereurs & de l'Empire. *Fiscus dicitur publicum ærarium, & publica ratio Principis, seu Imperii.* Lib. 49. Pandect. Tit. 14.

Nos ancêtres, en adoptant ce mot, l'employerent à désigner un aleu, ou un domaine indépendant quelconque : *Fiscus, pro re quæ fisci est, ad fiscum*

seu

seu ad dominium alicujus pertinet (1).

C'est ce que nos légistes & nos historiens semblent avoir voulu ignorer ; & leur ignorance sur ce point les a conduits à imaginer que le Domaine de l'Empire avoit été, en vertu d'un pacte solemnel, transféré à Clovis avec les droits de la souveraineté, par l'Empereur Anastase ; & qu'inaliénable dans son principe, il avoit conservé ce caractere dans les mains de Clovis & de ses successeurs.

Dans cette hypothese, nos Rois ne se-toient comptables de son aliénation qu'aux successeurs d'Anastase.

Mais les Empereurs n'avoient plus ni

____

(1) C'est conséquemment qu'on lit dans nos ancien-nes chartres : « *De fiscis & villis, quas constat dominio* » *Ecclesia à fidelibus olim contraditus... Reginbaldus abbas* » *innotuit nobis qualitèr eadem fisca sibi pertinentia... Ad* » *montes fiscus Episcopalis... Namque idem ager Floria-* » *censis fiscus regius erat... Matens juxta regii villam* » *fisci, quem Rosetum vocant.... Locum Mauriaci, qui* » *fiscus regalis & capella Regum Francorum est.* Ducange » Gloss. pag. 553 ».

C

autorité, ni Domaine dans les Gaules, même avant la défaite de Syagrius : & une preuve incontestable que Clovis ne tenoit point la souveraineté d'Anastase, est l'état d'infériorité où furent réduits les Romains en vertu du nouveau droit public établi par le premier, suivant lequel il y eût une si grande différence entre le Franc & le Romain dans les compositions, dans la maniere de procéder en justice, dans les alliances, dans l'assujettissement au cens dont les Francs étoient exempts.

L'opinion la plus universellement reçue, qui veut que nos Rois tiennent leur Domaine de la Nation *à titre de dot & de substitution agnate & perpétuelle*, n'a pas de fondement plus solide : elle suppose un pacte, dont exclut l'idée le pacte rappelé dans le préambule de la loi salique, & dans la lettre de S. Remi à Clovis ; celui de la confédération des tribus germaines, par lequel Clovis fut élévé au généralat & à la royauté : à la charge de leur donner des établissemens fixes & per-

manens * dans les Gaules, & d'en partager avec elles, par la voie du fort, les
dépouilles, les habitans & les terres.

Ce pacte eut son exécution, quant au
partage des dépouilles, après la bataille de
Soissons ; &, quant au partage des terres,
après la conquête. Chaque lot, quant à
ces dernieres & aux habitans qui y étoient
attachés, fut *un fisc, un aleu,* ou *une
seigneurie indépendante & disponible.* Tel,
dans son principe, fut le Domaine de nos
Rois.

Le Domaine de Clovis étoit sorti des
mains de ses descendans, lorsque Pépin
monta sur le trône ; & celui-ci ne transmit
à Charlemagne, avec la couronne, que le
Domaine que lui avoit transmis Charles
Martel. Le vaste Domaine de Charlemagne étoit, à la mort de Louis V, entie-
rement évanoui.

Il restoit à peine des traces de celui de
Hugues Capet, lorsque Philippe I, son
arriere petit-fils, commença son regne. Ce
dernier voulut en réparer les pertes par

* elles
étoient er-
rantes : ar-
va per annos
mutant,
dit Tacite
dans la des-
cription de
leur gou-
vernement
& de leurs
mœurs.

des acquisitions ; Bourges fut la premiere :
*Rex autem videns Dominium suum per
insolentiam suorum prædecessorum ferè an-
nihilatum, cupiensque illud reaugere, à
quodam milite, Herpino nomine, emit
Bituricas, pretio sexaginta millium soli-
dorum, anno 1061.* Bruffel. Tom. 1,
pag. 399.

Il n'étoit point encore tombé dans les
efprits, au onzieme fiecle, non plus qu'au
fuivant, qu'il exiftât, ni qu'il pût exifter
une loi fondamentale prohibitive de l'aliénation du Domaine royal (2).

---

(2) C'eft vers la fin du regne de Philippe I, que fut
réfolue, en 1095, au concile de Clermont, la premiere
croifade ; que le Domaine royal prefqu'anéanti, prit
fon accroiffement, & la hiérarchie féodale fes fonde-
mens & fa confiftance. Quelques poffeffeurs d'aleux,
avant de paffer dans la Paleftine, les vendirent au Roi ;
un plus grand nombre les mirent fous fa protection, ou
fous la protection des plus puiffans d'entr'eux, & ne les
tinrent plus qu'à titre de Fiefs de ces derniers ou du
Roi. *Deindè olim,* dit Muratori, en parlant de ces
temps-là, *vaffus five vaffallus evadebat quifquis regi aut*

Si cette loi exiſte, les bénéfices devenus des Seigneuries héréditaires ſous la
ſeconde race (3), & des Fiefs perpétuels
ſous la troſieme, les dotations des Monaſteres & des Egliſes, tout ce que tiennent en
terres de la piété & de la libéralité de nos
Rois les gens de main-morte, ſont encore
une partie de ce Domaine, & doivent,
par un effet néceſſaire de cette loi impreſcriptible, y être réunis, pour n'en être
plus ſéparés.

Si cette loi exiſte, le Tiers-Etat, formé
pour la plus grande partie, par des Chartres d'affranchiſſement & de bourgeoiſie,

---

potentibus commendare ſe poterat. (Ital. Antiq. Tom 1,
col. 549).

Les dernieres Croiſades & les Chartres d'affranchiſſement des ſerfs concoururent, ſous les regnes ſuivans,
à l'extenſion & à l'affermiſſement de cette hiérarchie,
devenue le principe de la ſuzeraineté de nos Rois.

(3) Les bénéfices militaires furent, ſous la premiere
race, des gouvernemens en tout uſufruit, ou de purs
dons à vie ; & ſous la ſeconde, des Aleux ou des Seigneuries indépendantes & diſponibles. Ceux poſſédés
par Hugues Capet, avant qu'il fût Roi, formerent ſeuls,
lorſqu'il le fut devenu, ſon Domaine.

doit rentrer dans la servitude d'où ces Chartres l'ont tiré, pour rendre à chaque portion du Domaine son intégrité primitive.

Si cette loi existe, disons-nous encore, & que nos Rois profitent des voies qu'elle leur ouvre pour acquérir par confiscation, par déshérence, par vacance de possession de fait ou de droit, par réunion, par retrait, & par les contrats ordinaires, ils ne tarderoient pas à réunir dans leurs mains toutes les Seigneuries & même toutes les propriétés du Royaume.

La Monarchie la plus susceptible de perfectibilité que les Ages aient encore vu, pourroit donc, en supposant cette loi existante, être transformée en Monarchie seigneuriale & despotique ! Le zele même des gens de bien qui ont accrédité l'opinion de son existence, leur a fermé les yeux sur ses suites, pour les porter uniquement sur un aveu idéal (4).

____

(4) Avenir, dont ils n'ont pas mieux vu les conséquences, puisque, dans la supposition de cet avenir tel

Ils ont argumenté, pour l'établir, de l'opposition que formerent les envoyés du Roi Childebert à ce qu'il ne fût rien compris de domanial dans la dot que Chilpéric I donnoit à sa fille. Ils n'ont pas fait attention qu'il s'agissoit du mariage d'une Fille de France avec un Prince étranger *, que c'est par cette raison que la dot ne pouvoit pas consister en Domaines & Seigneuries. Le traité d'Andely contient cette exception ; il n'autorise à doter une fille de France en Domaines, que sous la condition expresse qu'elle résideroit en France : *Quandiu infra regionem Francorum fuerit.*

Ils ont fait leur bouclier des Ordonnances de 1304, de 1321, de 1333 de 1356, & de [...] que [...]

[...] qu'ils l'ont imaginé, nos Rois, n'ayant de revenus que ceux de leur Domaine, n'auroient plus ni troupes, ni marine, seroient conséquemment nécessités à substituer l'anarchie tyrannique du régime féodal à un gouvernement, qui peut seul nous mettre à l'abri de l'oppression & de la conquête, lier essentiellement nos intérêts aux leurs, & assurer, en l'améliorant, notre existence politique.

* Récarede fils de Leuvigilde, Roi d'Espagne, suivant nos chroniq.

de 1364, des arrêtés de l'assemblée des
trois Etats de 1356, de 1425 & de
1433.

Mais, 1°. Les trois premieres n'ont eu
pour objet que des aliénations mal faites :
*Malè aliénata de Domaniis ad Domania
reducenda.*

2°. Les deux dernieres, qu'on prétend
avoir prohibé toute espece d'aliénation,
n'ont point eu d'exécution : eussent-elles
eu une exécution pléniere, elles pourroient être revoquées : *Res eodem modo
dissolvitur, quo contrahuntur.*

3°. Les fonds du Domaine étant, comme
le prouvent ces Ordonnances, pure-
ment disponibles, il répugne à la raison
de prétendre que des délibérations des
trois Etats aient pu changer leur essence.
L'opinion de leur inaliénabilité s'est
établie vers le milieu du treizieme siecle,
par la méprise de nos Praticiens qui leur
ont appliqué les loix faites pour la conservation des propres & de l'intégrité des
Fiefs.

Lorsque le service militaire se faisoit en personne par les vassaux, il étoit de l'intérêt du Roi & de l'Etat, que les Fiefs fussent conservés dans leur intégrité; mais il ne falloit pas appliquer ce motif au Domaine royal, puisqu'au contraire son aliénation par parcelles, à titre d'acensement, procuroit au Roi & à l'Etat, *sans l'aner nuiser*, une augmentation de service militaire.

Jean Juvenal des Ursins pose en fait que nos Rois s'engagent par serment, à leur sacre, à ne point l'aliéner. On trouve dans Chopin la même assertion, que M. Lebret appuie, & que démentent les actes de tous les sacres depuis Clovis jusqu'à Louis XVI.

Charles V ratifie au sien le serment qu'il avoit fait au Roi Jean son pere de ne consentir jamais, dans aucun cas à l'avenir, à de nouveaux démembremens du Domaine, & le ratifia en ces termes: *Jura & nobilitates coronæ custodiam, & illa non alienabo, nec transportabo.* Qui ne voit que la suzeraineté & la prééminence de la couronne furent l'unique objet de ce serment? Mais ce serment, quand même il ne répugneroit pas à l'évidence de l'appliquer au sol du Domaine, seroit dérisoire, par le seul fait des aliénations dont il a été suivi jusqu'en 1566, époque de la premiere loi, revêtue des formes, qui, après plus de onze siecles, les ait arrêtées à quelques égards.

Nos Domanistes ne veulent pas moins faire remonter son inaliénabilité à la fondation de la Monarchie.

Ils ont bien voulu jusqu'à nos jours, qu'on crut, sur la foi d'un Anonyme Anglois *, qu'il a existé une convention par laquelle tous les Souverains de l'Europe, assemblés à Montpellier en M 125, s'interdirent respectivement l'aliénation de leurs Domaines. Chimere inconciliable avec leur systême, inconciliable avec les faits les plus constans de l'histoire de l'Europe, inconciliable tout-à-la-fois avec le bon sens, qui défend de supposer que

* Auteur fantastique d'un ouvrage connu sous la dénomination de Fletta titre de the-fleet, nom de la prison où, suivant Littleton, il le composa sous Edouard I.

des Souverains foient fortis de leurs Etats, pour fe mettre, d'un vœu unanime & fans néceffité, dans les liens de l'interdiction envers leurs fujets.

C'eft dégrader la Majefté royale, de mettre en principe que nos Rois ne jouiffent de leur Domaine que comme mineurs; qu'ils ne peuvent conféquemment en aliéner les fonds, ni être tenus des dettes de leurs prédéceffeurs (5). Il n'eft point à craindre que nos Rois fe prévalent d'une telle prérogative, dont l'exercice, funefte au crédit public, à nos mœurs, à nos fortunes, flétriroit leur gloire. *Digna vox eft Majeftate regnantis, legibus alligatum fe principem profiteri.* (Cod. de leg. & conftit. Princip.)

---

(5) Nos Rois ont pu impofer des taxes fur nos biens & fur nos perfonnes ; & nous ne voulons pas qu'ils puiffent, pour les diminuer, difpofer à leur gré de la glebe en friche ou engagée de leur Domaine ! Il femble que nous ayons mis notre gloire à abjurer la raifon en ce point.

Quand fortirons-nous de nos langes ? notre virilité ne feroit pas prématurée.

Le Roi, dit Loiseau, répréfente l'Etat, & ne fait qu'un avec lui. Les dettes de l'Etat font donc les dettes du Roi : & , fi, attentif à fa gloire & à notre félicité, il trouve bon, pour les acquitter, d'aliéner fon Domaine, nous ne pouvons, fans être ennemis de nous-mêmes, nous oppo-fer à ce que les loix prohibitives de fon aliénation foient révoquées : dans l'hypo-thefe qu'on puiffe en compter d'autres que l'Ordonnance de 1566.

Mais le Domaine, dit-on, releve la fplendeur de la Maifon royale, fournit des apanages aux Fils puînés de nos Rois; & c'eft à fon anéantiffement qu'on doit imputer la chute des deux premieres races. Cette objection n'eft pas mieux réfléchie que tant d'autres.

Qu'on fuppofe le Domaine entier aliéné par acenfement; les productions de cha-que portion de fon territoire feroient ré-préfentées par des cenfives (6) & des

____

(6) Les cenfives devroient être legeres : ce que le Roi perdroit à leur modicité, il le retrouveroit avec

droits de mouvance plus qu'équivalens, mieux affurés, d'une perception plus fimple & moins coûteufe, en conféquence plus éminens & plus utiles. La fplendeur de la Maifon royale & la dignité des Apanagiftes tireroient donc un nouvel éclat, & tout-à-la fois un accroiffement de revenus, de fon aliénation en cette forme (7).

Ce n'eft donc pas de l'aliénation du Domaine matériel qu'eft venue la chûte des deux premieres races, mais de ce que l'aliénation des dignités, des feigneuries, des droits régaliens même, fût une fuite de l'aliénation des fonds de terre.

La plus grande partie de ce que les derniers predéceffeurs de Charles IX n'en

---

avantage aux mutations, dans le réhauffement des prix du fol.

(7) Chaque portion du Domaine, aliéné par acenfement, feroit un Fief immédiat que le Roi & les Apanagiftes pourroient faire rentrer dans leurs mains à chaque mutation, s'il étoit déformais poffible qu'ils trouvaffent plus convenable ou plus utile de l'y retenir. Que veut-on davantage ?

aliénerent pas, est passée, depuis son Ordonnance, dans les mains d'engagistes
intéressés à la dégrader, pour que le Roi
n'ait point d'intérêt à l'en retirer. C'est à
quoi ont abouti & du nécessairement
aboutir les ventes à faculté de rachat auto-
risées par cette Ordonnance; d'où il arrive
que ces ventes, faites à vil prix, pour un
temps indéterminé (8), ont néanmoins
pour le Roi l'effet des ventes perpétuel-
les, sans donner ouverture aux droits de
mouvance; d'où il arrive encore que les
Officiers du Domaine, qui n'ont point
d'intérêt à sa conservation, le perdent tel-
lement de vue, qu'il est facile à la plûpart
des engagistes de le dénaturer & de le

____

(8) Les engagistes, qui méritent des égards parti-
culiers par leur naissance ou par leurs services,
pourroient obtenir de la bonté du Roi ou de sa justice,
selon les cas, à de moindres prix, ou sous de moindres
redevances, la propriété incommutable des portions
qui leur ont été transmises par leurs Auteurs, ou dont
ils sont légalement cessionnaires.

confondre avec leurs biens patrimo-
niaux (9).

Ainſi dépériſſent & ſe perdent les fonds
d'un Domaine, dont les revenus, ſuffiſans
autrefois au ſoutien & à la majeſté du
trône, ne tiennent plus lieu de rien ,
ou preſque de rien à nos Rois (10);
tandis que leur aliénation par petites por-

---

(9) La hiérarchie des reſſorts & des mouvances, ce
lien néceſſaire au maintien de l'harmonie & de l'ordre
public, ſeroit anéantie, ſi l'Ordonnance de 1566 étoit
pleinement exécutée. Il n'eſt pas beſoin, pour s'en
convaincre, d'avoir ſous les yeux l'Ordonnance du
mois de Février de la même année, ni les Ordonnances
& déclarations de 1574, 1591, 1613, 1641, 1672,
1704 & 1708, qui y ont dérogé par des exceptions &
des modifications différentes : il n'eſt beſoin que de
l'approfondir.

(10) Les terres domaniales, qui ne ſont point ſor-
ties des mains du Roi, ne donnent plus, les apanages
à part, qu'un revenu de 1500 mille liv. ; & celui des fôrets
mal amenagées & point repeuplées ſera bientôt *négatif*,
ſi elles ne paſſent point (toutefois ſans être ſouſtraites
aux réglemens) dans des mains immédiatement intéreſ-
ſées à les conſerver, & à les mettre dans la plus grande
valeur poſſible.

tions (11) dans la forme qu'on propose, en assurant leur amélioration, augmenteroit, avec leur produit naturel, la masse des richesses de l'Etat; & que leur prix, payable, à l'option des acquéreurs, en especes ou en nouveaux contrats rem-boursables, à la premiere année, & graduellement ès années suivantes, à leurs échéances respectives (12), accélereroit avec d'autant plus d'efficacité sa libération *, qu'il seroit porté, à la chaleur des encheres, au-delà du triple de ce qu'il pourroit

*On entend : toute justice envers les engagistes préalablement remplie.

____

(11) On ne sauroit trop diviser le sol du Domaine en l'aliénant, soit pour l'améliorer & en augmenter les produits ; soit pour en faciliter les mutations, & augmenter le produit des mouvances. Qu'on nous entende.

(12) Si l'on veut supposer que le prix des portions libres du Domaine ne seroit payé qu'en nouveaux contrats : dans cette hypothese, la pire en apparence, & la plus favorable qu'on puisse imaginer ; ce que l'Etat, pour les amortir, auroit de moins à prélever sur ses revenus courans, il l'auroit de plus pour avancer l'extinction de ses dettes les plus onéreuses ou les plus urgentes : La vente des portions engagées auroit successivement son tour. On ne parvient que par degrés à tout le bien possible.

jamais

jamais l'être dans aucun autre temps. Un crédit, qui n'auroit de bornes que celles que la modération & la sagesse lui auroient marquées (13), seroit une suite nécessaire de cette option.

La gloire de l'Etat & notre félicité s'éleveront à leur comble, lorsque nous aurons obtenu de notre raison le sacrifice des préjugés qu'elles en exigent.

---

(13) La perfection dans le bien est le milieu entre l'excès & le défaut.

D

TROISIEME PARTIE.

Impôt suppletif de la Capitation, de la Taille, des Vingtiemes, des Aides, des Traites & Péages &c.

Un dernier moyen donneroit aux ressorts politiques, physiques & moraux, le plus haut degré possible de force & d'énergie (1).

Ce moyen seroit un Impôt dont la répartition fût nécessairement équitable, & la perception insensible ; & qui, *légalement* substitué à la Capitation, à la Taille, aux trois Vingtiemes, aux Aides (2), aux Trai-

____

(1) Qu'on veuille bien, avant d'aller plus loin, avoir présentes les nôtes 3 du Chapitre I I, & 2 du quatrieme.

(2) Impôt partiel & circonscrit, ainsi que les Gabelles, accablant pour les anciennes provinces, consenti libre-

tes & Péages (3), pût donner un montant de plufieurs millions au-deffus du montant combiné de leurs produits refpectifs.

C'eft un fait que l'Auteur des *obfervations fur le commerce des grains* attefte, fur la foi du gouvernement, d'après des états vérifiés par fes ordres : que *le montant de la confommation du bled dans le Royaume eft de* 1368 *millions* 500 *mille livres, en évaluant le pain à* 2 *fols* 6 *deniers la livre.*

Cela pofé, un Impôt de 6 deniers perçu fur chaque livre de bled à moudre, donneroit (on peut le calculer) un produit de 273 millions 700 mille livres (4).

---

ment par la nation après la bataille de Poitiers, & qui ne devoit avoir que la durée des calamités de l'Etat.

(3) Un plan aussi simple que grand seroit de rendre la circulation intérieure absolument libre. Compte rendu au Roi : pag. 90.

(4) Un citoyen vertueux & plein de vues analogues à ce caractere, feu le Chevalier de Forbin, a mis, le premier, au jour l'idée de cet Impôt, dont il vouloit

Qu'on porte, si l'on veut à 6 millions 700 mille livres les frais de sa perception, son produit net seroit de 267 millions (5), dont cent quatre-vingt au plus remplaceroient le montant combiné de la Capitation, de la Taille & des Vingtiemes (6);

---

en le portant au double de ce qu'on le porte ici, faire un Impôt suppletif de tous les autres. Son ouvrage, calqué sur le plan de l'Administration municipale de Marseille, où il le fit imprimer en 1762, a pour titre: *Impôt unique établi par la raison.*

(5) Les revenus de l'Etat, par la substitution de cet Impôt, ne passeroient plus par des milliers de filieres; & sa perception, en la réunissant à la régie des Fermes, seroit bien moins coûteuse qu'on ne le suppose.

(6) Les impositions perçues, en 1781, par les Receveurs généraux, montoient à 148 millions 590 mille livres *; & les sommes versées au trésor royal, en la même année, par les Trésoriers des pays d'Etats, à 8 millions 553 mille livres * *; ensemble conséquemment à 157 millions 143 mille livres.

Ainsi, lorsqu'une théorie, antipode de celle du Chevalier de Forbin, avoit porté le prix du pain à 4 sols la livre, conséquemment à 6 liards au-dessus de son prix actuel, la surcharge de la nation fut de trois cinquiemes de 1368 millions 500 mille livres, ou de 821 millions 100 mille livres, dont 157 millions 143 mille;

* Compte rendu au Roi: pag. 105.
* * Page 108 du même compte.

& dont quarante, en remplaçant les produits réunis des Aides, des Traites, & des
Péages, briseroient nos dernieres entraves,
acheveroient de nous restituer l'ame de la
vie.

Que la substance & le sang des peuples
ne fussent plus le prix des jugemens toujours tardifs des Tribunaux ; nous n'aurions ultérieurement que les fléaux du Ciel
à rédouter. Vingt-cinq millions suffiroient
aux frais de cette réforme, tout à la fois au
remplacement des produits collectifs du
timbre & d'une Hydre de droits bursaux
que la nécessité cesseroit de justifier.

Resteroient vingt-deux millions, des-
quels douze compenseroient largement les
sinistres produits des Loteries & du Mont-

----

livres l'eussent, avant l'établissement du troisieme ing-
tieme, affranchie *de la servitude de corps & d'hérit. .e :*
caractere inhérent à la Capitation, à la Taille, .ux
Vingtiemes, à tout Impôt direct sur les personnes .e
sur les propriétés foncieres, même abstraction faite .e
l'injustice inévitable de sa répartition.

de-Piété; & dix employés à rapprocher les Provinces par des canaux & de nouvelles routes, en feroient, fous peu d'années, un feul tout animé, un enfemble élaftique & indeftructible.

Qu'on laiffât fubfifter, feulement à rai-fon des tarifs actuels, les douanes établies, aux ports de mer & aux frontieres, fur les matieres à exporter & fur celles qui feroient importées : le montant combiné de leur pro-duit donneroit vifiblement à l'Etat un fur-croît de revenu de plufieurs millions, qu'augmenteroient graduellement, chaque jour, des échanges plus multipliés & une plus grande confommation de ces matie-res. Nous aurions plus de fignes de leur valeur, que n'en peut avoir l'Etranger ; conféquemment des moyens efficaces d'en arrêter l'exportation jufqu'au niveau de nos befoins, ou de nos jouiffances. Le Commerce pourroit donner un libre effor à fes fpéculations. Les défenfes ne ré-tréciroient plus le génie.

Un nouveau feu fe répandroit dans les

campagnes : rien désormais ne seroit perdu. (7). Tout tendroit continument à accroître le nombre des consommateurs & la
masse des denrées ; conséquemment, à
augmenter, chaque jour, le produit & à diminuer le poids d'un Impôt qui, réparti avec
égalité & perçu sans contrainte sur l'univer-
salité des individus (8), ne seroit senti par
aucun.

____

(7) On suppose ici les Gabelles modifiées d'après le
plan indiqué au chap. 4 pag. 17 : on y suppose encore
que les corvées, ni aucune espece *de servitude* personnelle ou *réelle*, irrachetable, ne défigureroit plus
notre législation, que ces traces de la barbare stupidité
de nos peres en seroient effacées. Ce n'est qu'en les
effaçant, que l'esprit régénérateur de l'Edit du 10 Août
1779 peut-être-complettement rempli. Un Etat, qui
veut consolider sa base & se perpétuer, doit attacher
à la culture de son sol, par l'expectative & l'attrait de
la liberté personnelle & du droit absolu de propriété, le
plus grand nombre de sujets possible. Et le gouffre des
Provinces, de leurs richesses & des mœurs, s'étend
de plus en plus chaque jour ! Qu'il nous faut revenir
de loin pour arriver au bonheur.

(8) Les journaliers de tous métiers, réduits dans la
plûpart des Provinces intérieures à se nourrir de pain
de seigle ou d'orge, lide à faire de bled noir & de maïs.

Il ne se fait sentir qu'aux étrangers en Hollande où les grains viennent du dehors, quoiqu'il y soit porté à 3 florins & autant de schelins par quintal, ou à 6 liards 1 denier de notre monnoie par livre de farine : il se compense entre ses habitans laborieux par la réciprocité des prix plus hauts des subsistances & de la main-d'œuvre, & y est zéro pour tous. Réduit à moins d'un tiers parmi nous que la nature attend pour multiplier à notre égard ses bienfaits *, & dont nous trompons l'attente dans la crainte trop fondée & que nous n'aurions plus d'aggraver notre joug par nos travaux & par nos dépenses (9) : il ne s'y feroit sentir, chaque

* On compte dans le Royaume 6 millions d'arpens de terres marécageuses, ou délaissées.

des pommes de terre & de châtaignes, seroient, seuls, exempts d'un Impôt, qui, en les affranchissant des taxes arbitraires qu'on arrache à leur misere, exciteroit, chaque jour, leur émulation & leur courage à le partager.

(9) Les laboureurs conséquemment trouveroient dans leur terre natale les moyens de suffire, par leur travail, à leurs besoins ; & ne seroient plus nécessités à venir se corrompre dans les villes, ou à périr dans

jour

jour, que par leur plus grande abondance, par la modération relative de leur prix (10), par la régénération réciproque des ressorts de l'Etat & des nôtres. Le cahos seroit dissipé, & la lumiere faite : chaque sujet

---

des hôpitaux. Nous n'aurions donc plus, pour détruire la mendicité, qu'à forcer les vagabonds gangrénés à des travaux utiles ; & pour mériter le nom d'hommes, qu'à assurer aux vieillards & aux infirmes, dénués des moyens de soutenir leur vie, une subsistance humaine dans des asyles où ils ne fussent point entassés, & où ils pussent respirer un air pur.

(10) Nous ne craindrions plus *d'aggraver notre joug*, en arrosant la terre de nos sueurs ; & l'abondance de ses productions (cette crainte écartée) nous donneroit chaque jour, avec des nouveaux moyens, une nouvelle énergie pour les acroître.

Ces points posés : que la masse collective du bled dans le Royaume ne fût accrue que d'un cinquieme : le prix du pain baisseroit dans la même proportion, & combiné avec l'Impôt supplétif, au lieu d'être de 2 sols, seroit, tel qu'il est aujourd'hui, de 2 sols 6 deniers la livre, qui eu égard à l'augmentation des salaires de la main-d'œuvre, n'équivaudroient pas même à 2 sols actuels pour toutes les especes de journaliers. Si ce n'est pas assez pour décrouter nos yeux, cet Impôt, qui, en doublant le prix de nos propriétés foncieres, nous racheteroit *gratuitement* de tant d'autres, auroit encore l'avantage de n'être point

verroit *son plus grand bien dans l'emploi de toutes ses facultés au plus grand bien Public.*

Ainsi, dès l'aurore du regne le plus fortuné que le Ciel nous ait jamais promis, nous verrions couvertes d'un peuple actif, d'arbres, & de moissons nos landes & nos bruyeres. Il n'y auroit plus de friches ; tous les germes du bien seroient fécondés dans une nation libre & puissante, sous un Roi adoré & toujours obéi. L'égoïsme rendroit aux vertus leur place dans nos ames qu'agrandiroit cet accord si désirable de notre liberté & de notre dépendance (11) ; & nous ne nous ferions une

____

susceptible d'extension à volonté. Nous entendra qui se souvient encore des *Assemblées provinciales.*

(11) Les vertus, la vraie élévation ne furent jamais compagnes de la servitude ; & une nation ne sera constamment heureuse & puissante, qu'autant qu'elles seront la base constante de sa félicité & de sa puissance. Les intérêts du souverain & les intérêts des sujets sont donc essentiellement indivisibles. Tel est, sur toutes les autres formes de Gouvernement, l'avantage inappréciable de la Monarchie ramenée à ses vraies principes ; faudra-t-il encore treize siecles pour nous l'apprendre ?

gloire du bonheur de nous appartenir, que pour nous immoler à l'envi au bonheur & à la gloire de nos Maîtres : nous ne serions plus enchaînés que par les bienfaits, & l'Autorité seroit irrésistible sans nous asservir (12). Nous n'aurions plus de crainte que celle d'être ingrats. Que notre Code pénal fut gradué ; notre Code civil simplifié ; notre Tactique & notre Marine perfectionnées : nous serions, sous tous les rapports, la premiere nation de la terre (13).

---

(12) Un législateur, dont les loix tendroient à élever le génie & l'ame des peuples, seroit le plus plus beau présent que, depuis le premier instant des siecles, le Ciel eût fait aux hommes. Quel modele pour les Maîtres du monde !

(13) Nos préjugés, tous les obstacles à l'adoption *de ce nouvel ordre de choses* disparoîtroient, si l'Autorité, s'élevant au-dessus d'elle même, descendoit à vouloir qu'il fût, *de son ordre exprès*, mis sous les yeux des gens de bien, & de tout ce qui parmi nous conserve encore l'aptitude à le devenir. Cette gloire étoit réservée à un Roi, qui, comme Titus, craint de perdre un jour ; & qui, comme Henri, n'aspire qu'à être le protecteur des nations, & le Dieu tutélaire de ses peuples.

Nil facti reputans, si quid superesset agendum.

F I N.

A
B